まいにち ウォッチャーズ

小学校入試 段階別ドリル

導入編 Lv.4
難易度 ★★★

日本学習図書 ニチガク

はじめに

　本書は弊社の人気シリーズ「小学受験　入試カレンダー問題集」の趣旨を引き継ぐ問題集です。

　本シリーズは、お子さまの学力の伸長にあわせた段階別の編集になっています。数量・図形・記憶などのペーパーテストに出題される分野だけでなく、巧緻性の分野もカバーした、総合的なものとなっています。弊社の「ジュニアウォッチャー」「NEWウォッチャーズ」など、これまでの分野別にまとめられた問題集とは違う特徴のある内容ですから、お子さまの学力を段階的につけることができます。

　この本（「まいにちウォッチャーズ　小学校入試 段階別ドリル導入編」）は、おもに3〜4歳児を対象とした内容となっています。ご家庭での学習の際には、保護者の方が問題の終わりにあるアドバイスを読んで、問題の解き方を理解し、お子さまが何度も繰り返し解き直してください。学力の強化とともに、規則正しい学習習慣が身近なものになります。この本の使い方としては、毎日少しずつ練習し、1度できた問題でも何度も復習することが理想です。繰り返し練習の過程で、お子さまが答えを覚えてしまう場合もありますが、そのような時は、4ページの一覧表を参考にして弊社の分野別問題集から最適な一冊を選んでいただき、さらなる実力アップを目指してください。

　末筆になりますが、本書が小学校受験でよい結果を得る一助となることを願っています。

日本学習図書株式会社　編集部

「まいにちウォッチャーズ 小学校入試 段階別ドリル」シリーズ

タイトル		問題の難易度	詳　細
導入編	Lv. 1	☆☆	学習のはじめの一歩となる基礎学習。1から5までの数など。
	Lv. 2	☆☆～☆☆☆	ハサミなどの道具の使い方や、言葉では同頭音語など、範囲を広げた基礎学習。
	Lv. 3	☆☆～☆☆☆	3～5までの数など、導入編では比較的難しい問題も収録。
	Lv. 4	☆☆☆	季節の知識、複合問題など、導入編の学習のおさらい。
練習編	Lv. 1	☆☆☆	導入編よりも複雑で、知識と思考力を必要とする問題を収録。
	Lv. 2	☆☆☆～☆☆☆☆	シーソー（推理）、図形の構成（図形）など、実際の試験によく出る問題の基礎学習。
	Lv. 3	☆☆☆～☆☆☆☆	生物の成長、マナー（常識）、ブラックボックス（推理）など、応用力が必要な問題演習。
	Lv. 4	☆☆☆☆	実際の入試を想定した、練習編のおさらい。
実践編	Lv. 1	☆☆☆☆	数量の聞き取り、お話の順序など、聞く力を中心に学習します。
	Lv. 2	☆☆☆☆～☆☆☆☆☆	これまでより少し難しい問題で、初見の問題にも対応できる思考力を身に付けます。
	Lv. 3	☆☆☆☆～☆☆☆☆☆	図形・数量・記憶・常識分野の問題を中心に、解答方法が複雑な問題に対応する力、難しい問題を正確かつ時間内に答える力を身に付けます。
	Lv. 4	☆☆☆☆☆	重ね図形、ひも結びなど入試によく出る問題と、実践編のおさらい。
応用編	Lv. 1	☆☆☆☆☆	要素の多い複合問題と応用力を必要とする問題で、実力をさらに強化します。
	Lv. 2	☆☆☆☆☆☆	Lv. 1よりも、さらに複雑で応用力の必要な問題を掲載。思考力を伸ばします。
	Lv. 3	☆☆☆☆☆☆	ケアレスミスや思い込みによる失敗をしないための課題演習。
	Lv. 4	☆☆☆☆☆☆	1レベル上の総合問題と発展問題。応用編の総まとめ。

※この表を参考にして、お子さまの学力にあわせた問題集をお選びください。

☆実力アップのための　オススメ問題集☆

・問題に取り組む中で、苦手な分野がわかったら、その分野の類似問題に取り組み、苦手をなくしましょう。

・弊社発行の「Jr・ウォッチャー」シリーズは、小学校入試で出題頻度の高い分野を細分化した問題集です。
　基礎を徹底して学べるだけでなく、苦手分野を克服するための学習にも最適です。

分野	問題	オススメ問題集
図形	問題15	Jr・ウォッチャー1「点・線図形」
	問題20	Jr・ウォッチャー10「四方からの観察」
	問題8	Jr・ウォッチャー54「図形の構成」
数量	問題2・17・31	Jr・ウォッチャー14「数える」
	問題11・27	Jr・ウォッチャー40「数を分ける」
	問題22	Jr・ウォッチャー42「一対多の対応」
	問題28	Jr・ウォッチャー37「選んで数える」
巧緻性	問題1・10・25	Jr・ウォッチャー23「切る・貼る・塗る」

分野	問題	オススメ問題集
記憶	問題6・24	Jr・ウォッチャー19「お話の記憶」
	問題7・19	Jr・ウォッチャー20「見る記憶・聴く記憶」
常識	問題14・32	Jr・ウォッチャー11「いろいろな仲間」
	問題6	Jr・ウォッチャー13「時間の流れ」
	問題5	Jr・ウォッチャー27「理科」、55「理科②」
	問題5・9	Jr・ウォッチャー34「季節」
	問題4・12・13	Jr・ウォッチャー56「マナーとルール」
言語	問題3・32	Jr・ウォッチャー17「言葉の音遊び」、60「言葉の音（おん）」
	問題18・23・30	Jr・ウォッチャー18「いろいろな言葉」
	問題29	Jr・ウォッチャー49「しりとり」
推理	問題21・26・31	Jr・ウォッチャー15「比較」、58「比較②」

※オススメ問題集の分野は、内容によっては問題の出題分野と一致しないこと
　があります。

※書籍の詳細・ご注文は、弊社HP（https://www.nichigaku.jp/）まで。

☆繰り返し練習の記録☆

・正解、不正解にかかわらず、同じ問題を２度３度繰り返して解くことで、実力がアップします。
・解いた日とその結果を記録して、効率のよい復習をしましょう。
・２回目は１〜３日以内に、３回目は２週間後ぐらいに繰り返すと効果的です。
・結果の記入例：◎（よくできました）、○（できました）、△（もう少しがんばろう）

問題番号	分野	1回目 日にち	1回目 結果	2回目 日にち	2回目 結果	3回目 日にち	3回目 結果
問題 1	巧緻性	/		/		/	
問題 2	数量	/		/		/	
問題 3	言語	/		/		/	
問題 4	常識	/		/		/	
問題 5	常識	/		/		/	
問題 6	記憶	/		/		/	
問題 7	記憶	/		/		/	
問題 8	図形	/		/		/	
問題 9	常識	/		/		/	
問題 10	巧緻性	/		/		/	
問題 11	数量	/		/		/	
問題 12	常識	/		/		/	
問題 13	常識	/		/		/	
問題 14	常識	/		/		/	
問題 15	図形	/		/		/	
問題 16	推理	/		/		/	

問題番号	分野	1回目 日にち	1回目 結果	2回目 日にち	2回目 結果	3回目 日にち	3回目 結果
問題17	数量	/		/		/	
問題18	言語	/		/		/	
問題19	記憶	/		/		/	
問題20	図形	/		/		/	
問題21	推理	/		/		/	
問題22	数量	/		/		/	
問題23	言語	/		/		/	
問題24	記憶	/		/		/	
問題25	巧緻性	/		/		/	
問題26	推理	/		/		/	
問題27	数量	/		/		/	
問題28	数量	/		/		/	
問題29	言語	/		/		/	
問題30	言語	/		/		/	
問題31	複合	/		/		/	
問題32	複合	/		/		/	

※███の問題に、絵はありません。

この本のご使用方法

○問題を切り取り、プリント形式にしてから問題に取り組んでください。あらかじめコピーを取っておくと復習する際に便利です。

○保護者の方が問題文を読み上げる、または見本を見せた後、お子さまが筆記用具または口頭で解答する形式で進行してください。

<難易度>
問題の難易度を☆の数で表しています。お子さまの理解度のめやすにしてください。

<筆記用具>
解答に記号（○・△など）をつける場合に使用します。色の指定がない場合は、赤または黒の筆記用具をご使用ください。

<準備>
通常は切り取ったイラストのみをご用意ください。そのほかの特別な準備が必要な時は、問題ごとに指示があります。

<解答時間のめやす>
その問題に割り当てられるべき時間です。かなり短く感じますが、実際の試験を参考に設定しています。できるだけ時間内に答えるようにしてください。

<解答>
問題の中には、解釈によっては正答が異なる場合もあります。
当問題集では一般的な解釈による解答を掲載しています。ただし、お子さまが別の解答をした場合でも、保護者の方に納得のいく説明ができれば正解としてください。

<解答のポイント>
保護者の方がお子さまに指導する際の参考としてください。

1 巧緻性（色塗り・パズル）

〈問題〉（問題１の絵を渡して）ライオンにクレヨンで好きな色を塗ってください。色を塗ったら、太いまっすぐな線の通りにハサミで切り離してください。切ったら、バラバラになったライオンの絵を、パズルのように元通りに組み合わせてください。

〈準備〉クレヨン、ハサミ

〈解答時間のめやす〉10分

〈解答〉省略

〈解答のポイント〉
ライオンの顔や耳、尻尾など細かい部分は、ゆっくりとていねいに塗るようにしましょう。出来上がりがどうであれ、ていねいに作業したことがうかがえれば、悪い評価はされません。また、時間がかかってもよいので、完成まで色を塗らせてください。根気を養うことにつながります。なお、ハサミなど、基本的な文房具は正しい使い方を学ぶとともに、人に手渡すならどのように、片付ける時はどのように、といったマナーも教えておきましょう。入試では意外と観察されているポイントです。

2 数量（数える）

〈問題〉それぞれの四角の中の上と下の絵を比べて、多い方にクレヨンで〇をつけてください。

〈筆記用具〉クレヨン

〈解答時間のめやす〉2分

〈解答〉①リボン　②ソフトクリーム　③チョウ　④イチゴ

〈解答のポイント〉
数量分野の問題では、まず、「正確に数えられたか」をチェックしてください。入試になれば、正確さだけではなく、問題を解くスピードや思考力、数に対するセンスも必要になってきますが、導入段階では正確に数えるということ以外のことを意識する必要はありません。「きちんと数をかぞえたら〇をもらえた」という成功体験がお子さまを学習に対して積極的にします。

③ 言語（頭音・尾音）　　　　　　　　難易度☆☆☆

〈問題〉名前の最初が「か」のものを5つ言ってください。次に、名前の最後が「か」のものを5つ言いましょう。

　　　※この問題の絵はお子さまが答えがを言えない時にヒントとして見せてください。

〈解答時間のめやす〉2分

〈解答例〉名前の最初が「か」のもの…カマキリ、カニ、カブトムシ、カキ、カメラなど。

　　　名前の最後が「か」のもの…イカ、タカ、シカ、スイカなど

〈解答のポイント〉

　まず、お子さまが「言葉の始まりの音と終わりの音」という意味を理解しているかを観察してください。言葉はいくつかの音のつながりでできていますが、お子さまはふだんそんなことは意識していませんから、意外と理解できていない場合があります。わかっていないようなら、その場で言葉を1音ずつ区切って言わせてみるなどの工夫をしてみましょう。後は語彙の問題です。もし、最初に「か」のつく言葉が5つ言えない、というのなら多少問題です。ふだんから語彙を増やすことを意識する必要があります。直接目にするもの、興味を持ったものを中心に語彙を増やしましょう。もっとも何か特別なことをする必要はありません。生活の中で、「あれは何？」というお子さまの疑問に答えていれば、自然と語彙は増えていくものです。

④ 常識（ルールとマナー）　　　　　　難易度☆☆☆

〈問題〉絵をみてください。危ないことをしている子どもたちが描いてあります。どうして危ないのかを話してみましょう。

〈解答時間のめやす〉2分30秒

〈解答〉省略

〈解答のポイント〉

　小学校入試では常識問題、中でもこのようなルールやマナーに関する出題が頻出するようになっています。これは小学校入試を行う学校は公立小学校よりも通学範囲が広く、それだけ社会と接する機会が多いからです。この問題集のような書籍、あるいはほかのメディアから学ぶのもよいですが、そのマナーに従って行動する保護者方の行動を見せ、まねをさせることが深い理解につながります。外出する際には、意識してみてください。

⑤ 常識（理科・季節） 難易度☆☆☆

〈問題〉カボチャが大きくなっていく様子の絵が描いてあります。
　　　　この中で2番目のものに△、4番目のものに〇をつけてください。

〈筆記用具〉クレヨン

〈解答時間のめやす〉2分

〈解答〉下図参照

〈解答のポイント〉
　動植物に関する常識問題も小学校入試では頻出しています。こうしたカボチャなどの成長に関する問題の場合、保護者の方は「勉強が必要な理科（植物・生物）の知識が聞かれている」と思われるでしょうが、出題者は「日常目にすると思われるものについて質問しただけ」と考えています。この点で認識の違いがあるので「常識」問題であっても学習の必要が生じる、と思ってしうわけです。常識問題の学習はそのギャップを埋めるための作業と言えます。保護者の方は、志望校の出題傾向（理科の知識が聞かれることが多い、ルールやマナーについての出題が多いなど）を踏まえて、お子さまが知識を得る機会を与えるようにしてください。

⑥ 複合（常識・お話の記憶） 難易度☆☆☆

〈問題〉今日1日の計画を立てました。朝は7時に起きて、お母さんのお手伝いをします。それから家で遊び、お昼ごはんの時は遊びをやめて12時になったら食べるようにします。おやつは3時に食べ、お皿は自分で片付けます。それから外に出て友だちと遊んで、5時に家に帰ります。帰ったらお母さんの手伝いをして、夕食は6時に食べます。それからテレビを見て、9時なったら歯を磨いて寝ます。
①起きた時刻の時計の針を黒いクレヨンで描いてください。
②おやつの時刻の時計の針を赤いクレヨンで描いてください。
③寝る時刻の時計の針を緑色のクレヨンで描いてください。

〈筆記用具〉クレヨン

〈解答時間のめやす〉各1分

〈解答〉省略

〈解答のポイント〉
　小学校入試では、「（お子さまは）数字は読めないが、文字盤を見て時刻はわかる」、ということになっているのでこうして問われることがあります。よく考えるとおかしいのですが、出題されるものは仕方ありません。知識として一応持っておきましょう。数字を覚えるのではなく、例えば、アナログ時計で9時はこの形、6時はこの形というふうに、図形の1つとして文字盤を覚えてください。朝の風景、夜の風景の時はこの文字盤の形になっている、と覚えればさらに問題を解くのに役立つ知識になります。

7 記憶（見る記憶）　　　　　　　　　　難易度 ☆☆☆

〈準備〉あらかじめ、絵を点線に沿って切り離しておく。

〈問題〉（左上に☆の書いてある絵を渡して）この絵をよく見て、何が描い
てあるか覚えてください。（30秒間見せた後、絵を伏せ、左上に
★の書いてある絵を渡す）子どもたちは何で遊んでいましたか、遊
んでいたものに赤のクレヨンで○をつけてください。

〈筆記用具〉クレヨン

〈解答時間のめやす〉2分

〈解答〉なわとび、サッカーボール、コマ

〈解答のポイント〉
見る記憶の問題で、覚える絵と答える絵で配置や視点（構図）が変
わっていることがあります。記憶する前にわかっていればどうとい
うことはありませんが、はじめてだと混乱するお子さまが多いかも
しれません。こうした問題には「観察」と「描かれたもの同士の関
連付け」で対処しましょう。この問題なら、☆の絵を、①女の子が
3人いる、と全体を把握して、②なわとび、サッカー、コマ回しを
している…と、関連付けながら1つひとつを覚えていくという手順
です。

そうなのか! 小学校入試の豆知識

小学校受験なんでも質問コーナー①

　本書の読者には小学校受験を選択肢の1つとして考えている方
も多いかと思います。今回のコラムでは、小学校受験に関する疑
問の中でも、早い時期に抱きがちな疑問について答えていきたい
と思います。

Q1 何から始めるのか？

　さまざまなことを計画的に行っていく必要がありますが、最初に行
うのは、なんと言っても「志望校の決定」でしょう。お子さまの性
格・資質と学校の相性、学校の教育方針、進学の希望、通学しやすさ
など、さまざまな要素を保護者の方が総合的に判断して、志望校を判
断します。これが決まらないと、学習方針・スケジュールなど具体的
な対処がしにくくなるのです。とは言っても現実的には、いわゆる滑
り止め校を含め、私立・国立を含め2〜3校を志望校とする家庭がほ
とんどです。安全策ですが、多くの場合、対策学習や書類の作成・手
続きなど、保護者の方の負担もかなりのものになります。

Q2 小学校受験とほかの試験は何が違う？

　①保護者の面接（作文、アンケート）が行われる。
　②国立・私立ともに試験問題は原則非公開。
　③国立小では試験を受ける前と後に抽選が行われる場合がある。
　④行動観察・運動などが試験の1科目になっている。
　⑤テストでは文字は使用されない。
　細かく挙げればきりありませんが、相当特殊なものということ、お
子さまよりむしろ保護者の方に負担がかかるものだということを覚え
ておいてください。

8 図形（図形の構成）　　難易度 ☆☆☆

〈問題〉上の段と下の段のどの形とどの形を合わせると四角になるでしょう
　　　か。ぴったりと合う形同士を鉛筆で線を引いて結びましょう。

〈筆記用具〉鉛筆

〈解答時間のめやす〉 2分

〈解答〉下図参照

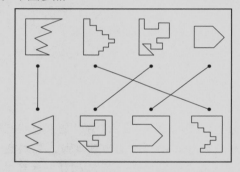

〈解答のポイント〉
　1つの図形を切り分ける（図形の分割）、元の形になるように組み
合わせる（図形の構成）といった問題は、図形認識能力（どのよう
な形があるか）と思考力（どのように組み合わせればよいか）が同
時に測れるので、入試で頻出します。こういった問題を解くこと
で、例えば、「同じ形・大きさの2つの三角形を組み合わせると四
角形なる」といった図形の性質も理解できるようになるので、積極
的に取り組ませた方がよいでしょう。タングラムのような図形パズ
ルでも同様の知識を得ることができます。

9 常識（季節）　　難易度 ☆☆☆

〈問題〉絵を見てください。2つの時計は夕方の6時をさしています。その
　　　下はその時の外と窓から見える家の中の様子が描いてあります。ど
　　　ちらが秋で、どちらが夏の絵でしょうか。指でさしてお話してくだ
　　　さい。

〈解答時間のめやす〉 1分

〈解答〉左側が夏、右側が秋

〈解答のポイント〉
前述したように、小学校受験では時計の文字盤を見て、そこから時
刻を読み取るという問題が時折出題されます。この問題では、その
知識に加えて「夏よりも秋の方が早く日が暮れる」ということも知
っておかないと答えられません。たしかに、両方とも日常で学べる
知識ですが、ほとんどのお子さまは意識していないことでしょう。
結論から言えば、こうした知識は保護者の方がお子さまに教えるし
かありません。こうした問題を解いて知識を得るというのはもちろ
んですが、ふだんの会話の中でも意識してください。大人にとって
は当然のことであっても、お子さまにはそうではないことが多いと
いう認識が重要です。

10 巧緻性（塗る・ちぎる・貼る）　　難易度 ☆☆☆

〈問題〉積み木の汽車が走っています。四角い積み木は赤、三角の積み木には青のクレヨンでそれぞれ色を塗りましょう。丸い積み木は黄色の折り紙をちぎってのりで貼りましょう。

〈準備〉クレヨン、折り紙（黄色）、のり

〈解答時間のめやす〉10分

〈解答〉省略

〈解答のポイント〉
作業の指示の指示が複雑なので、注意して聞きましょう。制作の課題は、人よりも器用に道具を扱い、見栄えのよいものを仕上げればよい、というものではありません。むしろ、完成度は年齢なりのものでよいので、「指示を理解して、それに従って作業ができた」という方が評価は高いのです。こういった制作問題に限らず、ほかの分野の問題・課題でも同様の観点で評価されると考えてください。お子さまに「～という観点だから、…というふうに行動しなさい」と教える必要はありませんが、保護者の方はそのような観点があるということを踏まえておきましょう。

11 数量（数を分ける）　　難易度 ☆☆☆

〈問題〉上の段の絵を見てください。5月5日のこどもの日にウサギくんの家へ遊びに行きました。家に五月人形が飾ってありました。ウサギくんのお母さんが「3人で仲良く分けて食べるのよ」と言ってお皿に柏もちを載せて出してくれました。ネコさんとブタさんとウサギさんは何個ずつ分けたらよいでしょうか。下の段のそれぞれのお皿の上にクレヨンで○を書いてください。

〈筆記用具〉クレヨン

〈解答時間のめやす〉2分

〈解答〉2個ずつ

〈解答のポイント〉
数に関しては「数える」から「たしひき」、「分ける」というところまでが小学校受験で問われます。例外はありますが、これを10までの数でできれば、ほぼすべての問題に答えることができます。もちろん、これから、正確さやスピードは高いレベルで求められるので練習の必要はありますが、この3つを確実に行えるようになることが目標と考えてください。この問題は「7個のものを3人で分ける」という基本的な「分ける問題」ですが、はじめのうちは、おはじきなど具体物を動かしながら考えてかまいません。

12 常 識（ルールとマナー）　　　難易度 ☆☆☆

〈問題〉絵をよく見てください。子どもたちがさまざまなことをしています。それぞれ、何をしているところだと思いますか。また、あなたがそこにいたらどのようにしますか。1つずつお話してください。

〈解答時間のめやす〉3分

〈解答例〉●絵の内容の説明：
　　　　　①おもちゃの取り合いをしている。けんかをしている。
　　　　　②電車（バス）の中で走っている。
　　　　　③遊びの仲間に入れるようにお母さんに頼んでいる。
　　　　　④コップの水をこぼしている
　　　　●あなたならどのようにするか：省略

〈解答のポイント〉
絵を説明するにはある程度の語彙と会話の能力が必要です。お子さまが絵を見て一通りの話ができれば問題ありませんが、できないようなら、保護者の方が「誰が」「何を」「どのように」と質問しながら答えを引き出してください。また、「あなたならどのようにするか」という質問は、社会のルールとマナーの知識を聞くということですから、お子さまにはなかなか答えることは難しい問いかもしれません。答えに困るようなら、無理に答えを引き出そうとするのではなく、「周りの人の迷惑になるから電車の中では騒がないようにする」というふうにお子さまが納得できるような理由を含めて説明してあげましょう。

13 常 識（ルールとマナー）　　　難易度 ☆☆☆

〈問題〉信号が青になりました。お友だちが横断歩道を渡っています。どのお友だちの渡り方がよいと思いますか。よいと思うお友だちに赤のクレヨンで○をつけてください。○をした以外のお友だちは、どうしていけないと思いますか。お話してください。

〈筆記用具〉クレヨン

〈解答時間のめやす〉3分

〈解答〉下図参照

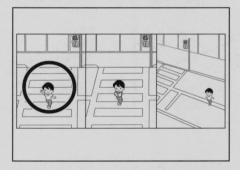

〈解答のポイント〉
本問は交通ルールの問題です。出題される理由は前述の通り、国立・私立小学校の事情からでしょう。ここでは道路の横断について聞かれています。電車やバスの乗車マナーに次いで出題が多いのが、この問題のような歩行時に注意すべき交通ルールです。なかなかこうした問題を解くだけではルールやマナーは身に付かないというお子さまも多いでしょう。外出する際は、「信号が青になったら左右を見て安全を確認してから、手を上げて横断歩道を渡る」といった実例を見せながら、ルールを教えるようにしてください。

14 常識（仲間探し）

〈問題〉上の段の絵と仲間のものを下の段から探して、鉛筆で線を引いて結びましょう。

〈筆記用具〉鉛筆

〈解答時間のめやす〉1分

〈解答〉下図参照

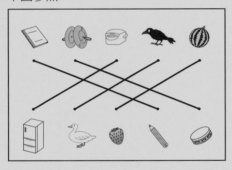

〈解答のポイント〉
同じ種類のもの、同じ用途のものを線で結びます。お子さまにわからないものがあれば、名称と用途を説明してから答えを聞いてもかまいません。勘や推理で答える必要はないでしょう。というのは常識分野の問題で聞かれるのは、「年齢相応の生活から学ぶことのできる」知識です。知っていて当然と（少なくとも出題する側は）ということです。当て推量をして答えを出そうとしたりしないで、単に知らないことを知識として学んだ方が時間の節約になります。

15 図形（点・線図形）

〈問題〉上の四角の中の形と同じ形になるように、点と点を鉛筆で線を引いつなぎましょう。

〈筆記用具〉鉛筆

〈解答時間のめやす〉4分

〈解答〉省略

〈解答のポイント〉
いわゆる点・線図形の問題です。図形の問題と言いながらある程度慣れてしまえば、運筆という作業を効率よく行う問題になりがちです。油断したくないのは以下の点です。①始まりと終わりの点を座標（上から〜番目、左から〜番目という形）で把握する。②線の長さと方向を正確に再現する。この2点さえ注意していれば大きな間違いはしません。

16 推理　　　　　　　　　　　　　　　　　　　　難易度 ☆☆☆

〈問題〉左側に描いてあるヤカンがぴったり入るような大きさの四角を、鉛
　　　　筆で右側に書いてください。

〈筆記用具〉鉛筆

〈解答時間のめやす〉各1分

〈解答〉省略

〈解答のポイント〉
　大きさや形に見当をつけ、それを囲む四角を書くという問題です。
意外とお子さまには難しいかもしれません。というのは、3～4歳
ぐらいのお子さまは、図形の面積を比較したり、図形を2つ以上で
組み合わせるといった能力がまだ充分に発達していないことが多い
からです。「なんとなくこちらの方が大きく見える」と推測できる
のはもう少ししてからなのです。ですから、この問題については、
「ヤカンを囲んでいる四角」を書ければよし、程度の基準でお子さ
まの答えを判断してください。

17 数量（数える）　　　　　　　　　　　　　　難易度 ☆☆☆

〈問題〉①上段の四角に描かれたくだものは真ん中の段の四角に描かれたく
　　　　だものよりいくつ多いですか。多い数だけ、下の段の☆マークの
　　　　四角に赤色のクレヨンで○を書いてください。
　　　②上段の四角に描かれたくだものと真ん中の段の四角に描かれたく
　　　　だものをあわせると全部でいくつになりますか。その数だけ★
　　　　マークの四角に緑色のクレヨンで△を書いてください。

〈筆記用具〉クレヨン

〈解答時間のめやす〉2分

〈解答〉①○：4　②△：6

〈解答のポイント〉
　慣れるまでは印をつける、ペアを○で囲むなど、それぞれのお子さ
まにわかりやすい方法で答えてもらってください、というのは前述
しましたが、この問題では少し解答時間が短いので、のんびりやっ
ていると時間が足りなくなるかもしれません。解くのにあまりにも
時間がかかるようなら、1つひとつの作業をスピードアップさせて
みましょう、ある程度時間内に答えることをお子さまに意識させて
おいた方が先々の学習に役立ちます。

18 言語（擬態語・擬声語）　　難易度 ☆☆☆

〈問題〉左の四角を見てください。この絵を説明すると、「お母さんが台所
　　　でダイコンを切っています。トントントンと音がします。何のお料
　　　理ができるのか楽しみです」。このように、右の四角の絵を説明し
　　　てください。その時、「トントントン」のように音の様子を表す言
　　　葉を使ってください。

〈解答時間のめやす〉２分

〈解答〉省略

〈解答のポイント〉
語彙の豊かさをみる問題です。言葉はただたくさん知っていればよ
いというものではありません。聞いたことはあっても、使い方がわ
からなければこうした問題には答えられないからです。ここでは擬
音語、擬態語を使って絵の説明をしますが、お話などでよく聞く擬
音語、擬態語も聞いただけだと使えないはずです。言葉は使う機会
が増えるほど、自分の言葉として定着していきます。お子さまとの
会話の機会増やし、聞く・話すことがバランスよく発達するような
工夫をしましょう。

19 記憶（見る記憶）　　難易度 ☆☆☆

〈準備〉あらかじめ、絵を中央の点線に沿ってハサミで切り離し、左上に☆
　　　のある絵に指定の色をクレヨンで塗っておく。

〈問題〉（左上に☆のある絵を渡して）この絵をよく見て、色と場所を覚え
　　　てください。（30秒間見せた後、絵を伏せ、左上に★のある絵と
　　　クレヨンを渡す）今見た絵と同じようにクレヨンで色を塗ってくだ
　　　さい。

〈筆記用具〉クレヨン

〈解答時間のめやす〉３分

〈解答〉省略

〈解答のポイント〉
色を覚えるのに効率のよい方法はあまりないので、単純に覚えてい
くしかありません。できる工夫は混乱しないようにすることでしょ
う。例えば、「青の下は黄色、黄色の下は緑…」と、色のつながり
で覚えていくなどの工夫をしてみてください。また、こうした問題
なら、どこから始めるのかをあらかじめ決めておくといった自分な
りのルーティンを決めておいてもよいでしょう。落ち着いて作業で
きます。なお、「屋根は黄色、壁は緑…」と描いてあるものと関連
付けて記憶する方法はあまりおすすめできません。記憶する量が増
え、その分「抜け」も増えやすくなるからです。

20 図形（四方からの観察）　　難易度☆☆☆

〈問題〉上の絵を見てください。ポットとカップはクマさんからはどのように見えるでしょうか。下の四角の中から正しいものを選んで鉛筆で○をつけてください。

〈筆記用具〉鉛筆

〈解答時間のめやす〉2分

〈解答〉左から2番目

〈解答のポイント〉

基礎的な四方からの観察の問題です。文字通り4方向からの見え方を聞く問題で、多くの場合はこの問題の上段のイラストのような全体図と、そこに描かれた人物からの見え方が選択肢になっているという形です。観点は、上下左右の位置感覚と思考力ということになります。大人にとっては、簡単なことに思えるのですが、上下はともかく左右の感覚は微妙なのがこの年頃のお子さまです。「クマから見て右にカップが置いてあるので…」と言葉で説明するのはなかなか大変ですから、人形やフィギュアを使ってもかまいません。問題のシチュエーションを立体的に再現して、お子さまの理解をサポートしてあげましょう。

21 推理（比較）　　難易度☆☆☆

〈問題〉どれも同じ大きさ、同じ形の容器です。
　　　①上の段を見てください。水が1番多く入っているコップには○、1番少ないコップには×をつけてください。
　　　②下の段を見てください。水が1番たくさん入っているビンには○、1番少ないビンには×をつけてください。

〈筆記用具〉クーピーペン

〈解答時間のめやす〉2分

〈解答〉①○：右から2番目、×：右端　②○：右端、×：左端

〈解答のポイント〉

大きさや量を比較する推理の問題です。最近の小学校受験で推理分野の問題が頻出するのは、①考えて答えを出す、②図形分野や数量分野ほどハウツーがなく、対策学習がしにくい、という2つの特徴が推理分野の問題にあるからでしょう。もちろん、考えると言ってもそれほど複雑なものではありませんが、そういった素地あるかどうかを測るのには充分ということです。ここでも、水の量を比べるのはどれも同じ大きさ、同じ形の入れものですから、入っている水の量は水面の位置で比べることができます。

22 数量（１対多の対応）　　　難易度 ☆ ☆ ☆

〈問題〉①子どもが２人いるのに、スリッパは１足しかありません。スリッパは、あと何足あればよいですか。言ってください。
②１枚のお皿にスイカを１つずつ載せます。お皿は何枚余りますか。言ってください。
③３人の子どもが１人ずつ椅子に座ります。椅子はいくつ余りますか。言ってください。
④ウサギさんにニンジンを１本ずつあげます。ニンジンはあと何本あればよいですか。言ってください。

〈解答時間のめやす〉２分

〈解答〉①１足　②２枚　③２つ（２脚）④１本

〈時間〉各30秒

〈解答のポイント〉
数量の問題です。ここでは、いくつかのものを分配した結果、いくつ足りないか、余るかということを聞いています。いくつかのものを分ける問題はセットを〇で囲んでいく方法が１番わかりやすいでしょう。〇の数がそのまま正解になります（④除く）。この解き方はハウツーですが、正解にたどり着く１つの方法ではあります。解答した後は同様の問題をほかの問題集で行ってみてください。こうした問題に慣れていくにしたがって考え方や数に対する感覚が身に付いてくるでしょう。なお、①のスリッパは左右１組で１足と数えます。

 ## そうなのか！ 小学校入試の豆知識

小学校受験なんでも質問コーナー②

Q３ 共働きは入学するのに不利か？

特に女子校や伝統のある学校では不利、という見方が以前はありましたが、最近では、社会状況の変化に合わせ、学校も柔軟に対応しているようで、不利な条件になっていません。アフタースクールも充実している学校が多くなっていることからも、少なくとも問題視はしていないはずです。ただし、入学後は保護者会などの活動は公立小学校よりも活発なことが多く、共働きだと仕事とのバランスをとることは難しいかもしれません。

Q４ コネは必要か？

都内の伝統校・人気校では「縁故や多額の寄付金があったから入学できた」といった噂をよく聞きますが、これはまったく当てになりません。小学校入試はお子さまだけなく、その家庭環境・保護者の人となりを含めて総合的に合格を判断します。仮にコネを持っている人や寄付金を払った人が合格したとしても、総合的に合格した家庭がコネやお金を持っていたと考えた方がよいでしょう。なお、学校のＯＢ・ＯＧ、保護者が系列大学の出身だということはほとんど有利に働かないようです。

Q５ 学校のことはどのように調べるか？

基本は学校の入学説明会・公開行事などに参加して、自分の目と耳で情報を入手すべきです。学校の雰囲気・教師の質などは、なかなかネット情報や印刷物からはうかがえないものです。また、自分のお子さまに合う学校なのかという視点は保護者の方以外は持てない切り口ですから、そういった見方で学校を観察しましょう。

23 言 語 （ い ろ い ろ な 言 葉 ）　　難 易 度 ☆ ☆ ☆

〈問題〉①「はめる」ものを選んで赤のクーピーペンで○をつけください。
　　　　②「はく」ものを選んで緑のクーピーペン○をつけてください。
　　　　③「さす」もの選んで黒のクーピーペンで○をつけてください。
　　　　④「きる」もの選んで青のクーピーペンで○をつけてください。

〈筆記用具〉クーピーペン（赤、緑、黒、青）

〈解答時間のめやす〉5分

〈解答〉①○：手袋　②○：ズボン、靴下　③○：傘
　　　　④○：セーター、ハサミ

〈解答のポイント〉
言葉の問題ほとんどはしりとりなどの言葉の音に関するものが多い
のですが、こうした動詞に関する問題が出題されることもありま
す。問題を見ればわかる通り、同じ身に付けるものでも上着やシャ
ツは「着る」、パンツやズボンや靴下は「はく」といった言葉の使
い分けを問題にしているのです。前述した通り、こうした言葉はお
子さまの生活の中で使われる（と思われる）言葉から出題されるの
で、類題を解くだけではなく、生活の動作を言葉にすることを学習
の1つにしてみましょう。例えば、出かけるお子さまに、「帽子を
かぶって」とお子さまに言うのです。そういった表現を使っている
様子をお子さまに見せましょう。効率よく学習できます。

24 記 憶 （ お 話 の 記 憶 ）　　難 易 度 ☆ ☆ ☆

〈問題〉たかし君はお母さんといっしょにバスと電車に乗って、おばあさん
　　　　の家に遊びに行きました。おばあさんの住んでいる駅に着くと、駅
　　　　前にくだもの屋さんがありました。くだもの屋さんの隣には花屋さ
　　　　んがあって、その先にはパン屋さんがあって、おいしそうな匂いが
　　　　しています。お母さんはおばあさんへのお土産に、モモとスイカを
　　　　買いました。それからパン屋さんで焼きたてのパンを買いました。
　　　　次の質問に答えて、絵に鉛筆で○をつけましょう。
　　　　①たかし君はどこに行きましたか。絵の中から選んで○をつけま
　　　　　しょう。
　　　　②どんな乗りものに乗りましたか。絵の中から選んで○をつけま
　　　　　しょう。
　　　　③お土産に何を買いましたか。絵の中から選んで○をつけましょ
　　　　　う。
　　　　④駅前にあったお店はどんな順番で並んでいたでしょうか。正しい
　　　　　順番で並んでいる四角を選んで○をつけましょう。

〈筆記用具〉クーピーペンまたは色鉛筆（赤）

〈解答時間のめやす〉各1分

〈解答〉①上段右（おばあさんの家）　②バスと電車
　　　　③モモ、スイカ、パン　④下

〈解答のポイント〉

たいていの場合、指示がなければお子さまは、お話を細部まで暗記しようとします。ですが、お話が長くなるにつれて記憶が追いつかなくなり、混乱して答えがわからなくなる…ということになりがちです。本問などはかなり短いお話ですが、それでもお子さまには情報量が多いかもしれません。混乱を防ぐには、丸暗記しようとするのではなく、場面ごとに聞いたことをイメージすることです。例えば、店がどんな順番で並んでいるのかを、○○屋さんの隣は○○屋さんというように、言葉として丸暗記するのではなく、絵や写真で見るようにイメージするのです。そうすると記憶する量が増えるだけでなく、慣れれば自然と細部まで記憶しやすくなります。

25 巧緻性（色塗り）

難易度 ☆ ☆ ☆

〈問題〉 （問題25の絵を渡して）△は赤、□は黄色、◎は青、×はオレンジにそれぞれ塗りましょう。

〈筆記用具〉クーピーペンまたは色鉛筆（赤、黄色、青、オレンジ）

〈解答時間のめやす〉10分

〈解答〉省略

〈解答のポイント〉

図形に指定された色を塗るという課題です。ここでのポイントはこの形にはこの色という指示を正確に把握することです。混乱するようなら、塗る色の印を記号に付けておいても構いません。指示は記憶して実行するものだということをこの機会に身に付けましょう。なお、色塗りは図形の枠線の内側を塗った後、中へ中へと塗っていくときれいに見えます。試してみてください。

26 推理（比較）

難易度 ☆ ☆ ☆

〈問題〉 4つの絵の中で、1番大きいものはどれでしょう。わかったら下の四角に赤色を塗りましょう。2番目に大きいものは青色を塗りましょう。3番目に大きいものは四角に緑色を塗りましょう。1番小さいものは四角に黄色を塗りましょう。

〈筆記用具〉クレヨン

〈解答時間のめやす〉各2分

〈解答〉省略

〈解答のポイント〉

大きさの順位付けをしてから、色塗りの作業をする問題です。このように大小・高低・軽重などの比較をすることが小学校受験では多いのですが、順位付けは、最大ものと最小のものを基準にして順々に決めていくとよいでしょう。A、B、C、Dと4つのものがあった場合、最小のもの「A」を見つけ、次に最大もの「D」を見つける。残った2つを比較して最終的な順位を決めていくというやり方です。シーソーを使った軽重の比較などは一筋縄ではいかない場合もありますが、この問題のように感覚的に大きさを順位付けするのなら、効率のよい考え方でしょう。

27 数 量 (数 を 分 け る) 難易度 ☆☆☆

〈問題〉2つの絵を比べて、質問にあっている方の絵を指でさしましょう。
　　　　①2人でぴったり同じ数ずつ分けられるのはどちらですか。
　　　　②2人でぴったり同じ数ずつ分けられるのはどちらですか。
　　　　③4人で1匹ずつ分けられるのはどちらですか。
　　　　④3人でぴったり同じ数ずつ分けられるのはどちらですか。

〈筆記用具〉クーピーペン（黒）

〈解答時間のめやす〉2分

〈解答〉①左　②左　③右　④右

〈解答のポイント〉
　分配の問題です。解き方は前述の通りで、記号を付ける、○で囲む、具体物（おはじき）などを使って理解するなど、現段階のお子さまがわかりやすい方法とをとってください。ただし、この問題、④では数も多くなっていますから、かなりイラストに書き込みが必要になります。それが元で混乱しないように慎重に数えましょう。受験までには、10以内の数であれば、指折り数えることなくいくつのあるかがわかる、この問題で言えば左右の四角にあるもののどちらが多い、少ないがひと目わかるようになる、というレベルの数に対する感覚が必要になってきます。

28 数 量 (選 ん で 数 え る) 難易度 ☆☆☆

〈問題〉お部屋の中に帽子、カバン、洋服、靴下が散らばっています。1番多いものに合わせて、それぞれ同じ数にするには、何がいくつ足りないでしょうか。下の段のそれぞれの四角に書いてある○を足りない数だけ、塗ってください。

〈筆記用具〉クレヨン

〈解答時間のめやす〉5分

〈解答〉下記参照

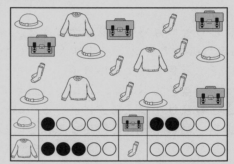

〈解答のポイント〉
　繰り返しになりますが、導入段階ですから、ペアやセットになるものを○で囲んだり、記号で印を付けていくといったハウツーを使ってもかまいません。この問題も正確に数えることを目標にしてください。絵がランダムに配置されている点にも注意して、全体を見ながら数えましょう。

29 言語（しりとり）　　　　　難易度 ☆☆☆

〈問題〉しりとりをして遊びましょう。リスから始めてリスに戻ってくるようにしてください。迷子にならないように青のクーピーペンで線を引きながら進んでみましょう。

〈筆記用具〉クーピーペンまたは色鉛筆（青）

〈解答時間のめやす〉 3分

〈解答〉リス→スイカ→カメ→メダカ→カキ→キク→クリ

〈解答のポイント〉
単純に語彙を増やすなら、しりとりは格好の言葉遊びです。ふだん使わないような言葉でも流れの中で記憶できます。注意したいのは、地方や家庭によって、その言葉がさすものが違っていたり、呼び名がその地域限定であったりする言葉です。入試では気を使ってそのような言葉はまず出題されませんが、お子さまがそういった言葉を使った時は、標準語の言い回し・表現に訂正するようにしてください。

30 言語（対義語）　　　　　難易度 ☆☆☆

〈問題〉左側の絵と意味が反対になる絵を、右側から選んで線でつないでください。

〈筆記用具〉クーピーペンまたは色鉛筆（青）

〈解答時間のめやす〉 1分

〈解答〉下図参照

〈解答のポイント〉
対義語には、「上る」に対して「下る」のように反対の意味を持つ言葉と、「お父さん」に対して「お母さん」のように、1対のもののもう一方を表す言葉があります。こうした言葉を選んで線でつなぐのがこの問題です。少し難しい内容ですから、ここでは、「反対の意味の言葉」「ペアになる言葉」というものがある、ということをお子さまが覚えればよしとしてください。これから言葉を学ぶ時に、そうした知識が役に立つでしょう。

31 複合（数量・比較）　　　難易度☆☆☆

〈問題〉絵を見てください。

①上の絵と下の絵の、それぞれのサイコロの目の数をたすと、どちらが多いですか。多い方の四角の中に、○を書いてください。

②クマとブタではどちらが多いですか。多い方の四角の中に、○を書いてください。

〈筆記用具〉クーピーペンまたは色鉛筆（赤）

〈解答時間のめやす〉2分

〈解答〉①上　②ブタ

〈解答のポイント〉
推理の要素ではありますが、単純に数えることができれば正解できるので、複合問題といってもそれほど難しいものではありません。①はサイコロの目の数をたした後に合計数同士を比べるので少々複雑です。これまで述べたように解き方は自由ですが、混乱しないようしましょう。②は①より簡単です。それぞれの数をかぞえ、その数を比べて多い方に○を書けば答えが自然にわかります。もちろん、クマとブタを交互に1匹ずつ消し、余った方が答えになるという考え方でもかまいません。

32 複合（言語・常識）　　　難易度☆☆☆

〈問題〉①「かぶる」という言葉を使う絵に○をつけましょう。

②「き」の音がつく乗りものに○をつけましょう。

〈解答時間のめやす〉各30秒

〈解答〉①上段右　②飛行機、汽車

〈筆記用具〉クーピーペンまたは色鉛筆（赤）

〈解答のポイント〉
①は動詞の使い方。②は言葉の音に関する問題で、常識の要素もあります。最近の入試の問題では、②の言葉の音に関する問題の出題が多いので、学習する際にもある程度は意識しておいた方がよいでしょう。しりとり、クロスワード、同頭（尾）語を選ぶなどさまざまなパターンの問題が出題されていますから、分野別の問題集などを解いてみてください。結果的に語彙を豊かになるということもありますが、問題の趣旨（何を聞かれているか・どう答えるのか・観点など）を知っておくという目的もあります。

小学校受験なんでも質問コーナー③

Q6 幼児教室は必要か？

　首都圏や近畿では多くの私立・国立小学校を受験するお子さまが幼児教室に通っています。目的は専門家に対策学習を効率よく進めてもらおうということでしょう。保護者の負担を減らそうという意図もあるかもしれません。注意したいのは、幼児教室でどのような授業が行われているかです。そこで問題に正解するためのハウツーを覚えることに終始しているのなら、将来につながるものではありませんから、それほど意味はありません。家庭学習でも充分に教えられることですから、授業料や移動の時間の無駄です。ただし、観察系の科目、例えば行動観察や口頭試問では協調性などを含めたコミュニケーション能力を育む必要のある課題は別です。グループで行うこと、答える過程も評価されるような課題は、試験と同じような環境で学習した方が、効率よく多くのことを学べるからです。

Q7 どんな子が合格しますか？

　本書の「学習のポイント」でも述べていますが、小学校入試の目的は「入学して無理なく学習できる、将来性のある子ども」を入学させることです。つまり、「相手の言うこと（指示）を理解できる」「それに沿って行動できる」という2つのことをお子さまができればよいのです。さらに集団の中で「ルールを守って行動できる、他人を思いやれる」という協調性があれば言うことはありません。こうした点をクリアしていれば、難関といわれる学校でも、ほとんどの場合、合格できるのでないでしょうか。保護者の方は「人の話を聞くこと、それを守ること」をお子さまに繰り返し教えてください。入試ではあらゆる分野の課題で必要なことです。

◎問題集ワンポイントアドバイス

①アドバイスを読んでから問題を始めると効果的!

②イラストページはミシン目で切り離して使いましょう!

日本学習図書株式会社

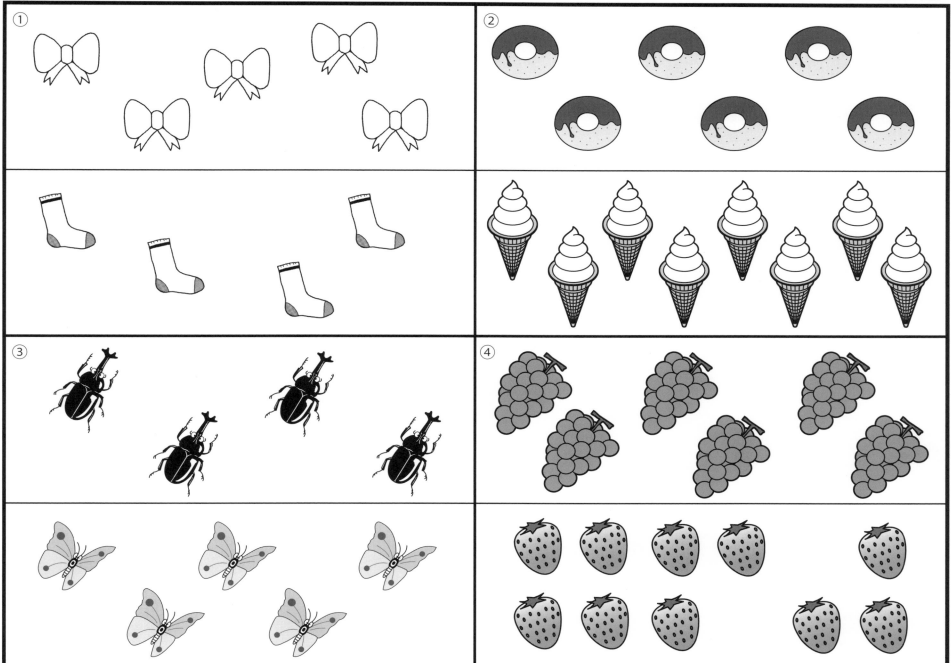

日本学習図書株式会社

日本学習図書株式会社

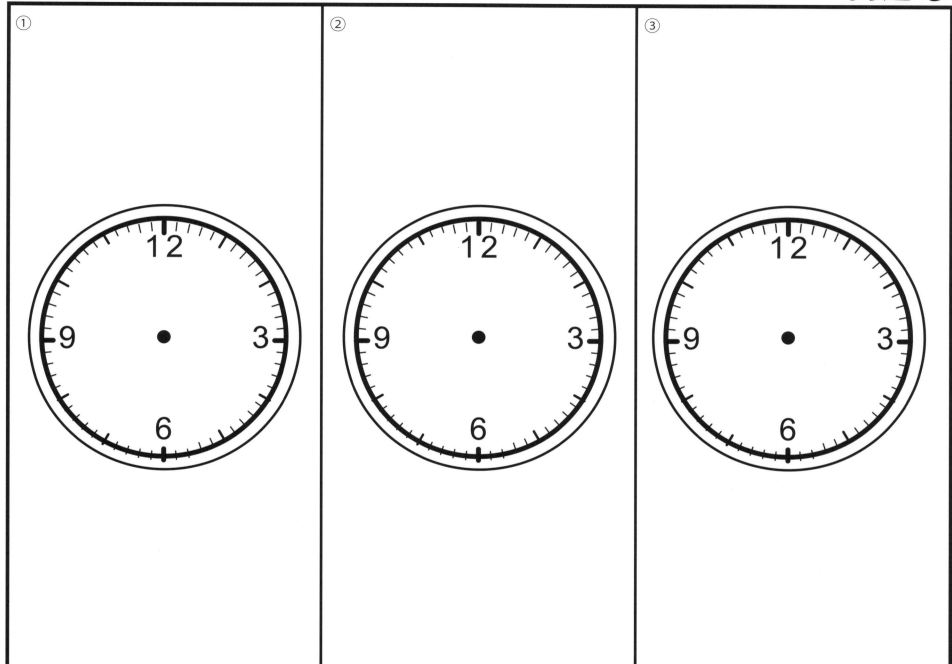

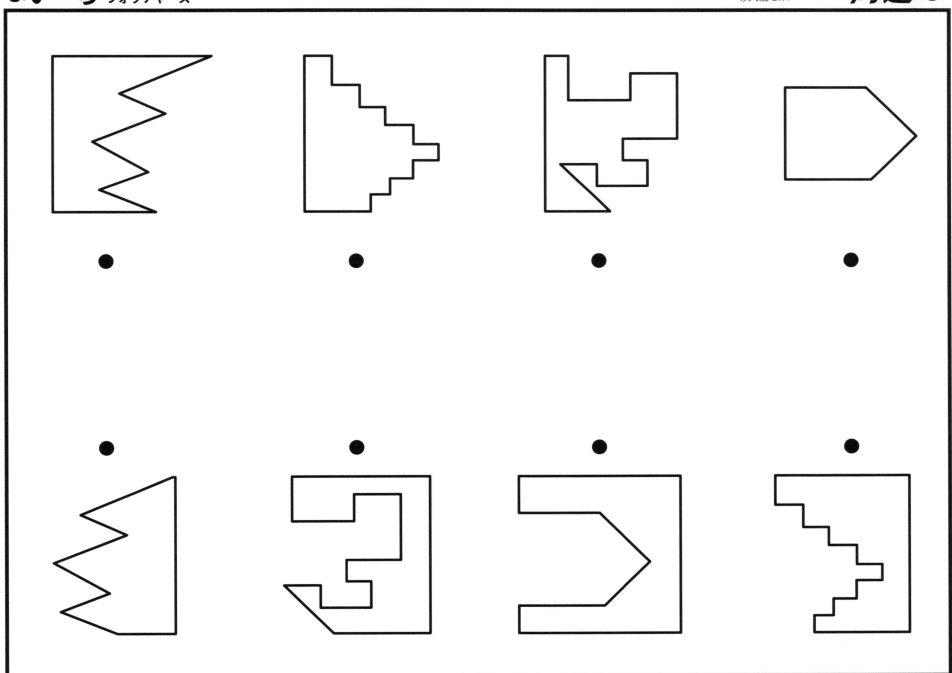

日本学習図書株式会社

日本学習図書株式会社

日本学習図書株式会社

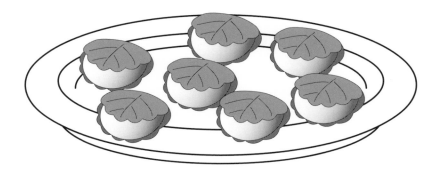

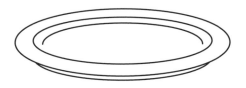

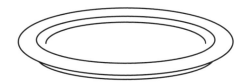

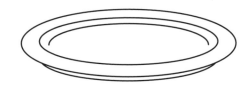

日本学習図書株式会社

日本学習図書株式会社

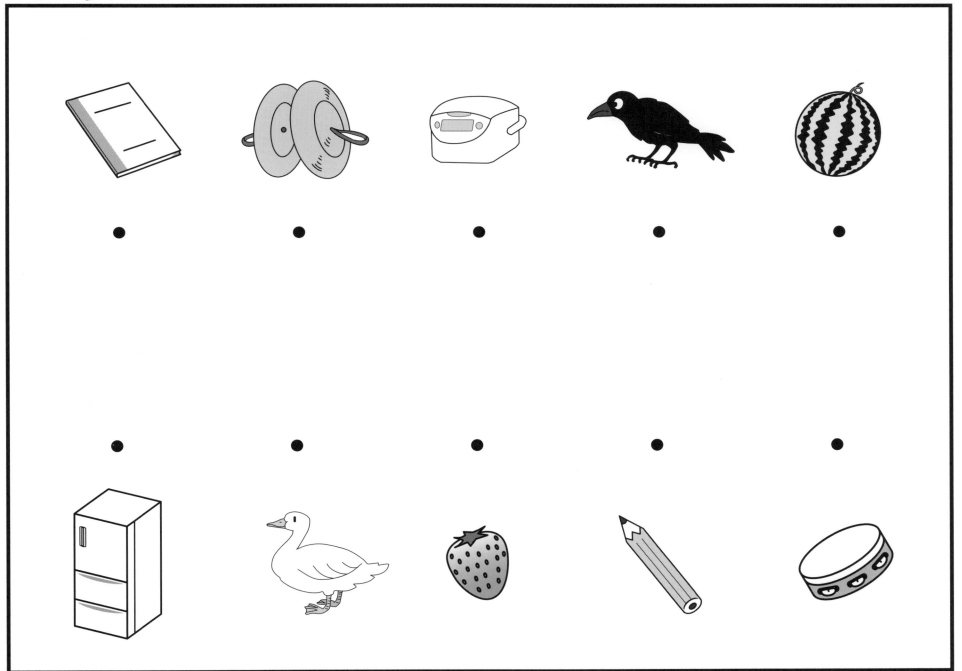

段階別ドリル
導入編 Lv.4

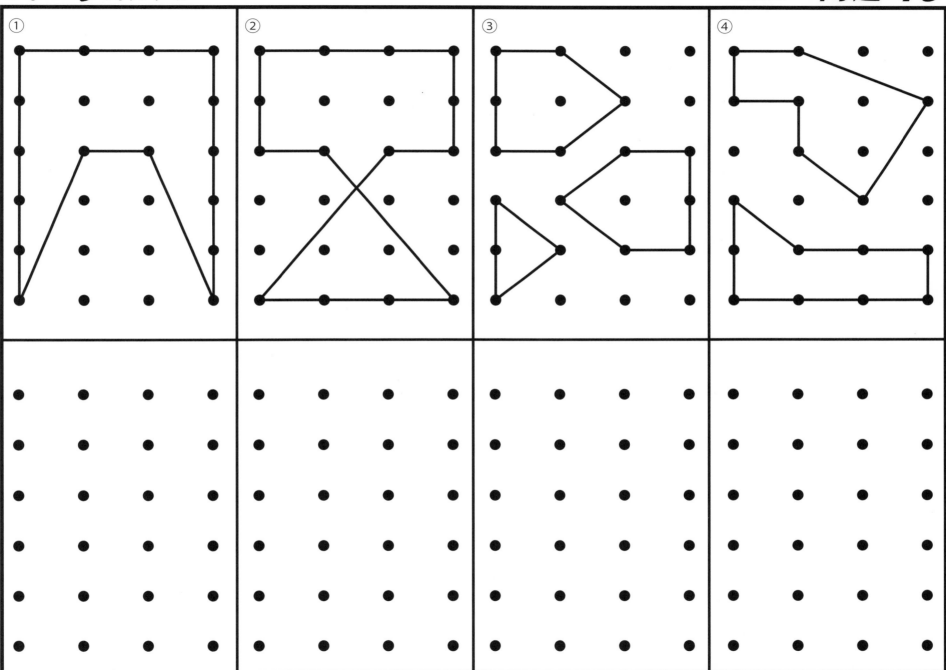

日本学習図書株式会社

日本学習図書株式会社

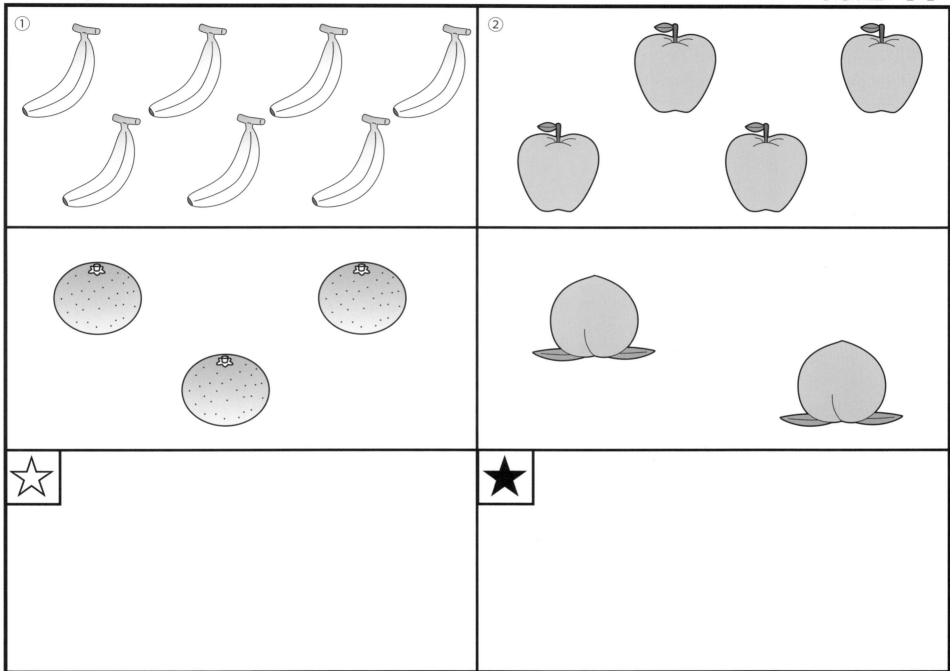

日本学習図書株式会社

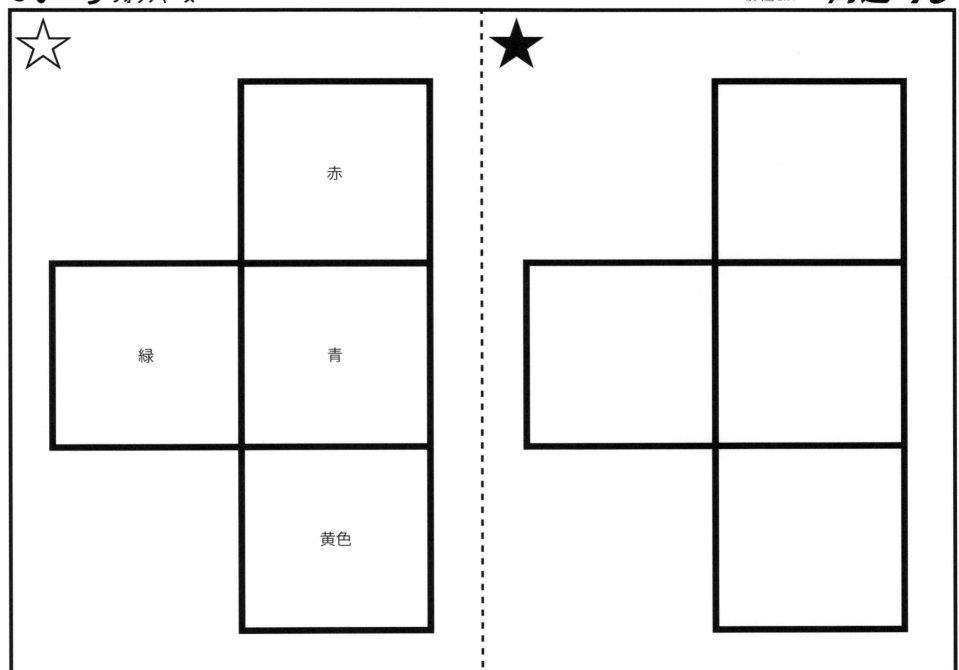

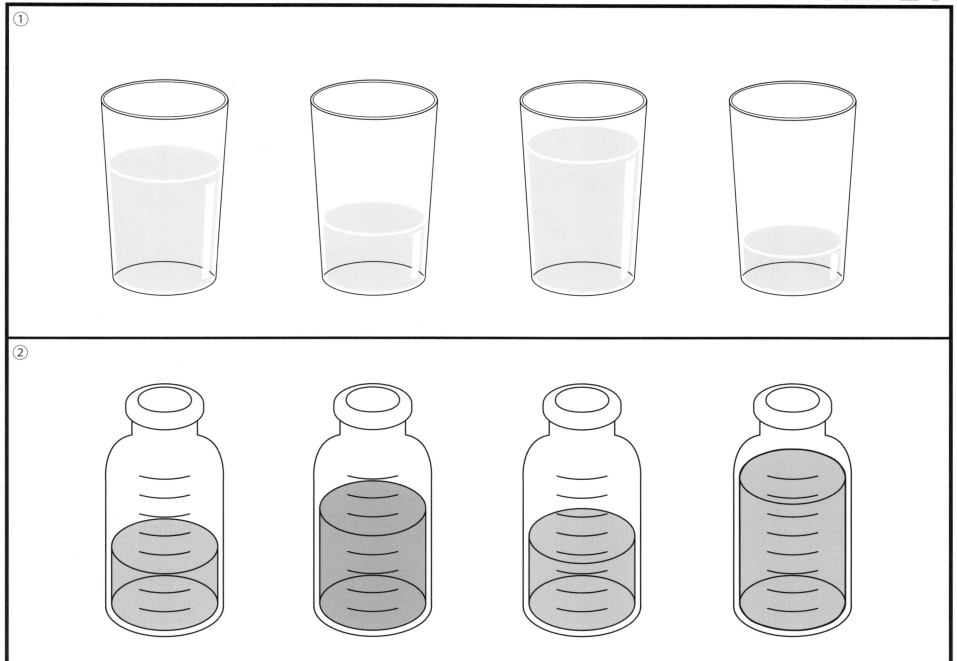

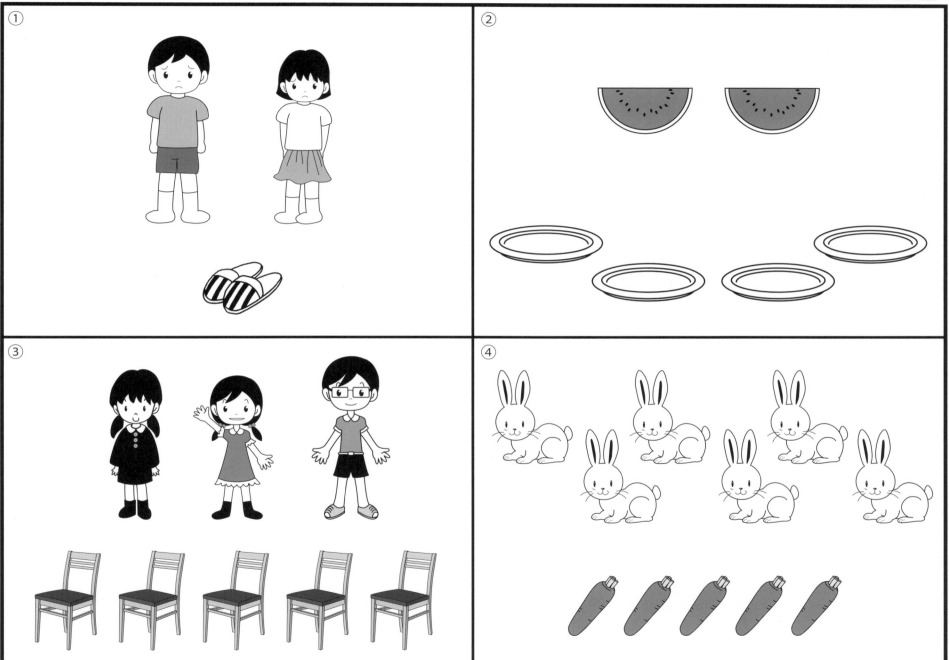

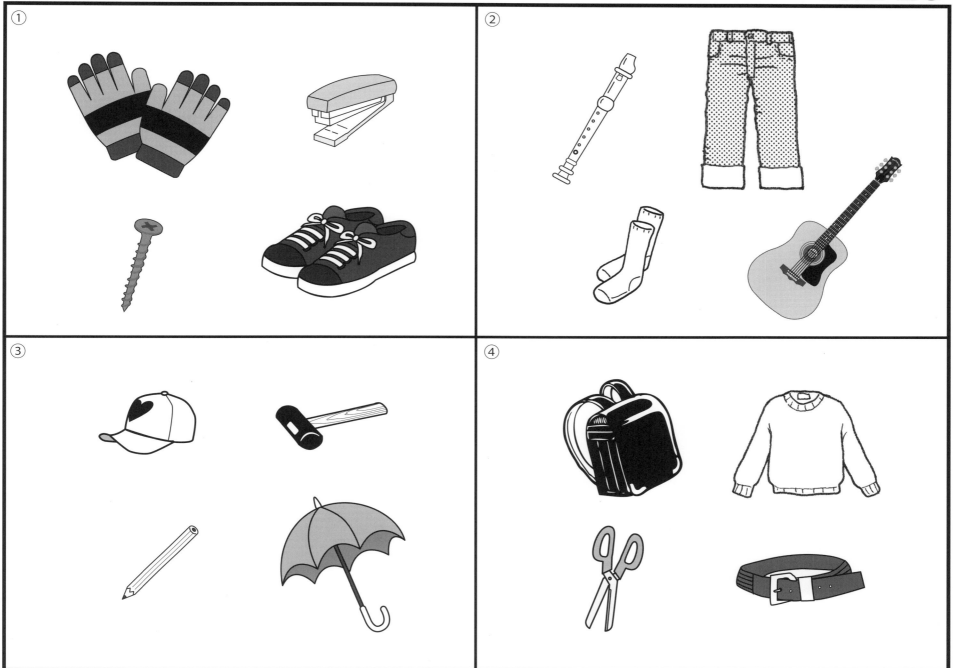

日本学習図書株式会社

日本学習図書株式会社

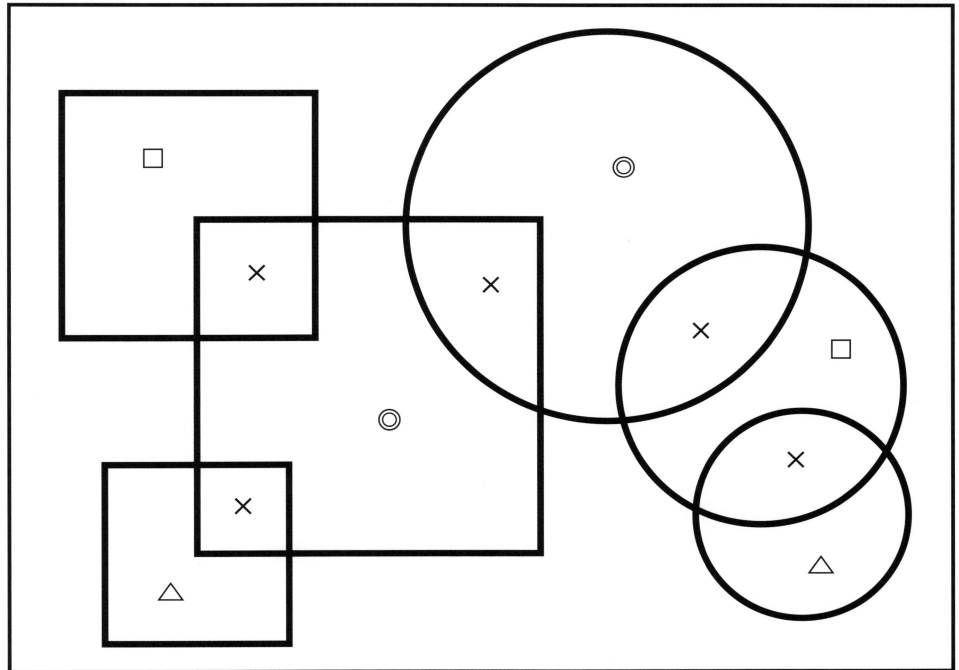

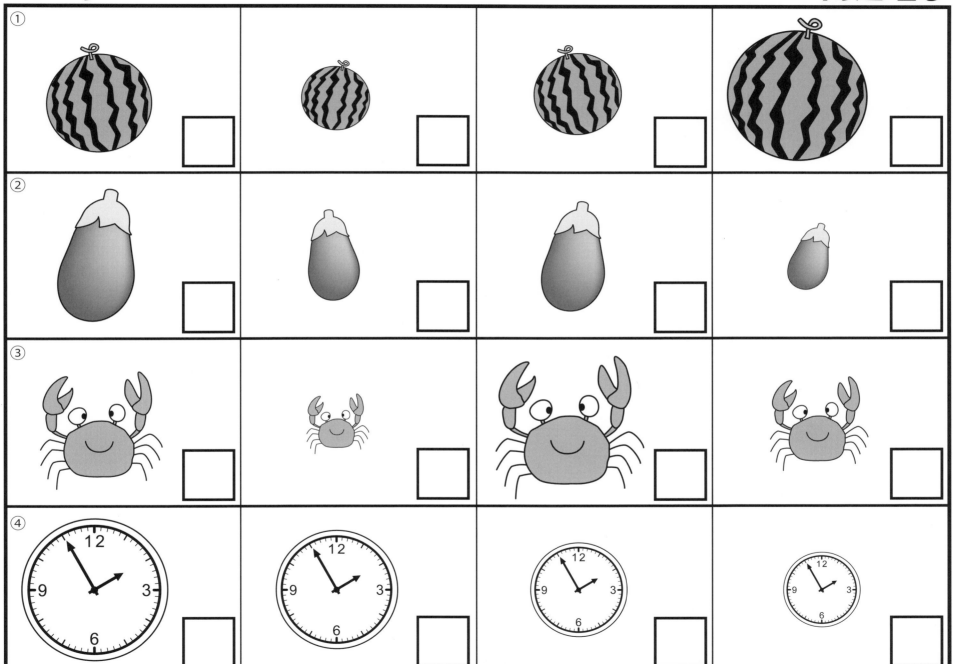

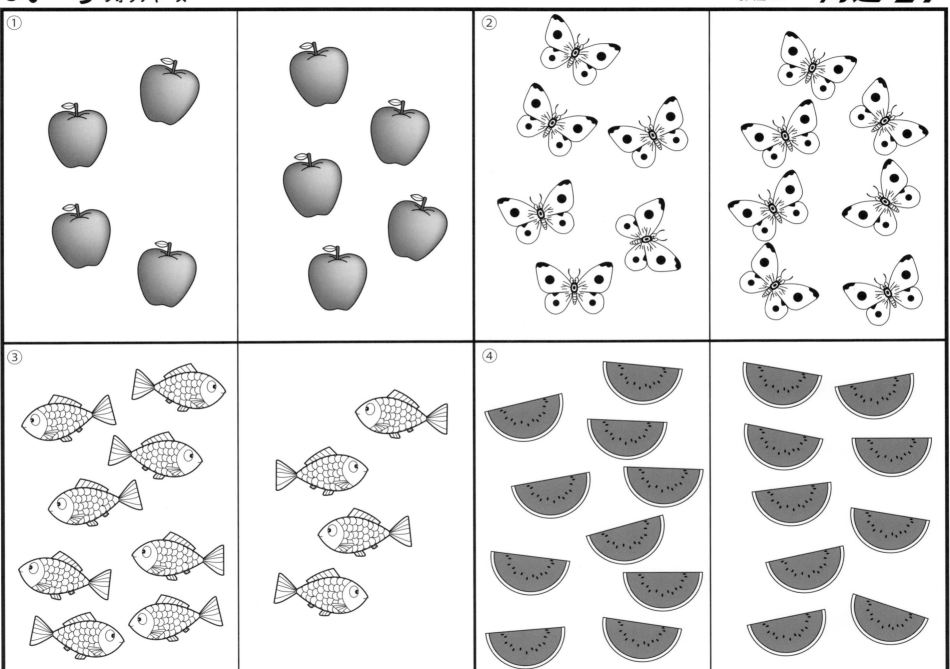

日本学習図書株式会社

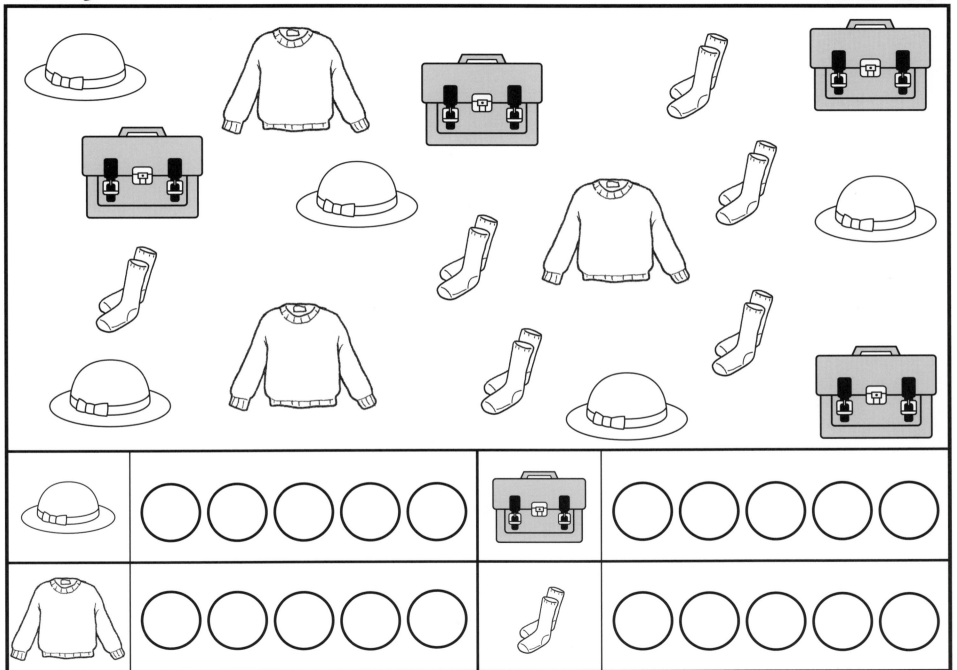

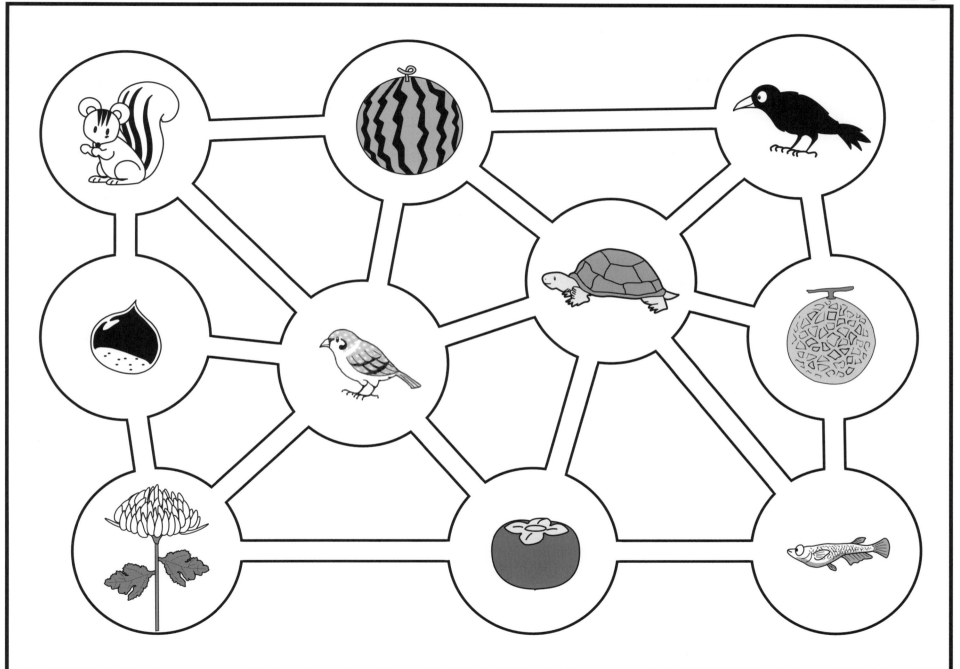

日本学習図書株式会社

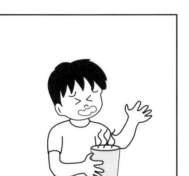

日本学習図書株式会社

①

②